ee foible écrit, dicté par l'amour du bien, ait un heureux succès dans le Public. Tous les honnêtes gens de la Cour, de Paris, de la Province, connoissent, il y a long-temps, les vastes & sublimes projets que votre génie bienfaisant avoit conçus dans le silence du cabinet pour l'heureuse destruc- tion, ou, pour le moins, la réforme par- tielle de la nation monacale. Ils regrettent avec la douleur la plus amere, moi-même j'en ai pleuré, Monseigneur, ils regrettent que la cabale de vos ennemis ait eu l'au- dace de vous faire culbuter de votre trône ministériel. Certes, si vous eussiez resté un peu plus long-temps, le précepte françois auroit goûté la douce satisfaction de voir la France purgée d'un tas de François qui s'engraissent tout à leur aise aux dé- pens des autres. Aussi, aujourd'hui, Monseigneur , les François sont-ils dans la plus grande désolation de ne plus vous avoir pour Ministre. A la premiere nouvelle de votre affreuse disgrace , pendant que tout le monde s'affligeoit , les imbécilles de Parisiens se mettoient à rire ; les Badauts ! Ils ne peuvent s'empêcher de rire , quand ils voyent tomber quelqu'un. Mais , Monseigneur , heureusement que Votre Excellence a un courage à toute épreuve. Et que si , (je ne le dis qu'à vous seul) & si elle a éprouvé un peu de désagrément de ne plus avoir en mains les rênes du Gouvernement , elle a eu du moins la consolation de ne pas se retirer la besace vide , grace à de bons bénéfices , dont sa prévoyance a eu soin de se pourvoir pour son départ : ce qui prouve , Monseigneur , que vous aviez l'esprit à tout , & qui met le

A iij

ARLEQUIN

RÉFORMATEUR

DANS LA CUISINE

DES MOINES,

Ou plan pour réprimer la gloutonnerie Monacale, au profit de la Nation épuisée par les brigandages de harpies financieres.

DÉDIÉ

A MONSEIGNEUR DE BRIENNE,

EX-PRINCIPAL MINISTRE.

Par l'Auteur de la Lanterne Magique de la France.

Imprimé à Rome.

Avec permission & privilége du Pape.

1789.

ÉPITRE
DÉDICATOIRE

A MONSEIGNEUR DE BRIENNE,

EX-PRINCIPAL MINISTRE.

MONSEIGNEUR,

PERMETTEZ qu'Arlequin ait le bonheur de mettre au jour, sous vos auspices, cet Ouvrage patriotique. Il suffira que le goût infaillible de Votre Excellence daigne y donner son approbation, pour que

A ij

comble à vos talens, dont je ne cesserai d'être un ardent Admirateur.

Je suis, Monseigneur, avec le plus profond respect.

Votre très-humble, très-soumis, très-affectionné, ARLEQUIN, natif de Bergame.

AVANT-PROPOS,

OU

AVIS CHARITABLE AUX MOINES

Dans un moment où les Chefs respectables de la Nation épuisent tous les moyens que peu suggérer le génie fiscal pour avoir de l'argent (car en France on l'aime diablement); j'ai cru que le meilleur parti pour en trouver, étoit d'aller trouver vos coffres forts. Comme ordinairement vous faites un fort bon accueil à ceux qui viennent vous visiter pour partager avec vous les délices de vos tables copieusement & finement fournies ; j'espere, Messieurs les Moines, qu'à quelques clameurs près, expression d'une

A iv

douleur légitime, vous ferez le petit sacrifice que la nécessité exige de vous. D'ailleurs, quoiqu'en disent les mauvais plaisans, vous êtes de si braves gens ! Vous en avez donné tant de fois des marques depuis que vous existez, que je croirois sincérement vous manquer profondément, si j'avois le moindre soupçon d'un refus de votre part. Ainsi, je suis moralement persuadé que, quoique vous soyez accoutumés à faire bonne chere, vous vous rendrez à mes raisons; d'abord, vous crierez, cela est naturel, puis vous gémirez, & puis ensuite, par le moyen de la grace du Saint-Esprit, vous parviendrez à faire une vigoureuse résistance aux offres du Diable. Justement vous approchez du Saint Temps de Pâque ; quelle plus belle occasion pour manifester votre amour pour la Patrie ! Vous n'ignorez pas , sans doute, puisque vous êtes les Membres sacrés de l'Eglise, que votre divin Maître donna lui-même, en personne, l'exemple de la sobriété, & même du jeûne : car, il jeûna, comme vous devez l'avoir appris dans le Nouveau Testament , que vous lisez souvent, quarante jours & quarante nuits dans le désert. Eh bien, Messieurs les Moines, ayez donc le courage de résister aux desirs séduisans de la bonne chere. Sacrifiez-en le produit à faire du bien. Et, en récompense, vous mangerez tout à votre aise dans le Paradis. Car j'ai lu dans un fort bon livre, approuvé de la Sorbonne, que l'on y faisoit une chere succulente. Ainsi, vous voyez bien qu'au lieu d'y perdre, vous

goûterez la délicieuse satisfaction de ripailler avec les Anges, les Saints & vos
Fondateurs.

ARLEQUIN

RÉFORMATEUR

DANS LA CUISINE

DES MOINES.

———————

Dans le siecle où nous sommes, je veux dire dans un temps où la manie philosophique d'être pieusement fainéant, & de s'engraisser voluptueusement aux dépens des autres, est devenue une maladie épidémique dans les différentes classes de la société; il faut avoir un courage comme le mien, pour oser porter la hache de la réforme sur la cuisine d'un Corps qui, depuis tant de siecles, à l'ombre d'une profonde ignorance, & d'une hypocrisie rafinée, se procure dévotement les plaisirs de la table. Certainement la hardiesse d'une pareille conduite va m'exposer tout-à-coup à toutes les malédictions des ruches monacales; mais, semblable à M. Duval d'Esprémesnil, Hercule du premier Sénat de la France, & dont les véhémentes remontrances, brûlantes du feu patriotique, ont donné l'impulsion à mon courage, j'oserai braver leur couroux & leur haine. Et je croirai avoir philosophiquement rempli ma tâche de bon Citoyen, si, tant soit peu, j'ai pu mettre un frein à leur insatiable gloutonnerie, & les forcer à appliquer le produit de leur économie sur la mangeaille journaliere, à relever ma Nation qui, depuis si long-temps, se trouve aux abois.

En ce moment, ou enflammé du bien Public, je sacrifie mes veilles & mon loisir à tracer hardiment à mes Concitoyens flottant entre les horreurs de la crainte & du désespoir, qu'on me pardonne cette heureuse expression, j'aime extrêmement le style de l'Académie, ou académique, à leur tracer hardiment un plan qui, par son utilité générale, doit redonner de la vigueur au corps politique; il me semble entendre des couvens des quatre coins de la France, les plaintes amerés, les cris aigus, & les lugubres lamentations de leurs membres contre mon génie réformateur. Je suis bien persuadé que si j'avois eu le malheur de mettre au jour un pareil écrit dans de certains pays où les Moines aiment à se chauffer tout en brûlant charitablement les vivans, quand les vivans ont le malkeur de n'être pas des imbécilles comme eux ; je suis bien persuadé que le monachisme espagnol auroit trouvé dans cet ouvrage profond, même philosophique, de quoi me faire rôtir dans un superbe auto-da-fé. « Ainsi, M. Arlequin, » remerciez donc bien la sainte Providence, » de ce que sa sagesse infinie a bien voulu vous » permettre de naître chez un Peuple charmant, » où la complaisance ministérielle vous accorde » de produire vos vues de réforme, sans crainte » d'aller sur un bûcher enflammé faire les dé- « lices des Moines & des Dévotes de Paris »!

Quelle circonstance plus heureuse, plus favorable pour opérer une réforme dans la cuisine, l'office & la cave de ce Corps monacal que celle actuelle, où le Roi, où la Reine, où Monseigneur le Comte de Provence, où Monseigneur le Comte d'Artois, & Mesdames se font fait un plaisir de chasser loin de leur Palais un tas de gens qui, sous prétexte qu'ils étoient fort utiles, dévoroient paisiblement, & sans rien faire, la substance du Peuple. Les singes de la Cour, je veux dire les courtisans, quoique cette réforme leur fît grand mal au cœur, ont cependant élevé jusqu'aux nues ces changemens. Et dès le lendemain une partie a voulu faire comme le prince & ses freres.

Monsieur le Marquis D * * , en bon courti-
san, voulant imiter la Cour, & donner une
preuve de son zele, fit chez lui une réforme,
& voici ce qu'il fit : Il y avoit chez lui dix
grands laquais, trois excellens cuisiniers & un
Auteur de beaucoup de mérite, que sa vanité
avoit pris sous sa protection. Aux heures du
dîner, M. le Marquis le faisoit descendre de
son grenier pour lui donner de l'encens, &
en même-temps faire de l'esprit : & il rem-
plissoit l'un & l'autre rôle fort gauchement.
Comme l'encens qu'il donnoit, tant bien que
mal, ne sentoit pas aussi bon que les ragoûts
que lui faisoient ses cuisiniers, M. le Marquis
jugea à propos de faire congédier un pareil in-
dividu, qui, selon lui, n'étoit propre à rien,
& coûtoit plus qu'il ne valoit ; & sans d'autre
forme d'examen , on le pria fort poliment
d'aller chercher un gîte ailleurs. Depuis ce
temps-là, M. le Marquis prêche par-tout où
il va, l'esprit de la réforme.

Madame la Marquise de F * * avoit trois chats
angola, deux épagneuls ; chacun de ces animaux
coûtoit, pour le moins , par jour 20 sous , avoit
de plus quatre femmes très-jeunes & jolies, & un
petit orphelin qu'elle avoit pris chez elle dans
un transport de commisération. Madame la

Marquife eft une zelée patriote : & un jour qu'elle étoit profondément abforbée dans des réflexions politiques, à l'occafion d'un livre de Plan d'Adminiftration des Finances qu'elle parcouroit, elle réfléchit que fi elle renvoyoit le petit malheureux elle auroit de profit au bout de l'année la dépenfe que lui coûtoit annuellement fa nourriture & fon habillement ; & que cela feroit autant de gagné pour les chapeaux nouveaux qu'elle doit acheter pour le printemps. Après un pathétique fermon , que fa tendreffe cordiale lui fit fur la dureté du temps , Madame la Marquife le fit mettre aux enfans-trouvés. Je pourrois citer une foule de beaux traits pareils à ceux-ci , qui prouveroient évidemment avec quel zele Paris & la Province fe font livrés à la réforme : mais je veux revenir à mon but principal.

Meffieurs les Moines n'ignorent point fans doute combien nos finances font dans un mauvais état ; que depuis très-long-temps il n'y a rien que le génie fifcal n'invente pour trouver de l'argent. Et, en effet, les porte-feuilles de nos financiers font remplis de magnifiques projets pour en avoir : de forte que ce ne font plus les moyens qui manquent ; c'eft la volonté de ceux qui payent. Mais comme ceux qui payent font las de payer, on eſt aujourd'hui à trouver d'autres expédiens. Moi ; quoique je ſois Arlequin, qui veux être utile, puiſque n'étant pas Moine, je n'ai point fait vœu d'être à charge à mes Concitoyens ; moi, dans le moment actuel, je ne trouve pas de meilleur parti pour avoir de ce qui ſe compte que de tomber ſur les finances des Moines ; les comperes ont furieuſement de l'argent! Qu'en font-ils donc ? Ils l'employent à trois choſes; 1°. à ſatisfaire leur avarice ſordide ; 2°. à nourrir leur inſatiable gloutonnerie; 3°. à entretenir leurs amours. Les Prieurs, Sous-Prieurs, Gardiens, Procureurs, enfin tous, qui ont entre leurs mains le temporel, ou qui peuvent s'en procurer une partie par leurs poſtes, ſont ceux qui peuvent, avec de l'argent du couvent, s'enivrer des carreſſes voluptueuſes de certaines donzelles au cœur très-humain, & vivre dans une éternelle orgie. Tout cela ſecrettement, car au couvent on aime à ſauver les apparences. Les autres, qui ſont de ſimples Moines, & que le haſard n'a pas aſſez protégés pour faire parvenir aux places lucratives, ſont forcés, ſi leur bourſe ne leur offre pas des reſſources pour s'amuſer, ou s'ils ne ſont pas porteurs d'une belle figure, de ſe livrer tout bonnement

aux

aux plaisirs solitaires de M. Onan, & aux délices journalieres de la mangeaille ! & la mangeaille chez les Moines abforbe la plus grande partie de leurs revenus. La dépenfe de la cuifine d'un Fermier général eft une bagatelle en comparaifon de celle d'un Prieur ou d'un Général d'Ordre. Je me fouviens qu'un jour, paffant auprès d'un couvent de Bernardins, je refpirai un air délicieux, qui paroiffoit provenir de leur cuifine. Attiré par cette vapeur agréable, ma curiofité me porta jufqu'à la porte. Bon Dieu ! je reftai un inftant ébahi à la vue des mets fucculens, dont l'odeur délectable enivroit mes fens. Je ne comptois les poulardes, les cailles, les pigeons, les lievres, les perdrix, &c. que par centaines. Il y auroit eu de quoi nourrir un régiment entier. Je demandai en l'honneur de quel Saint on faifoit tant d'apprets. On me dit que c'étoit aujourd'hui la fête de M. le Prieur, & que pour y bien procéder, on alloit ripailler. Un inftant après, je me tapis dans un coin de l'office, & après avoir admiré les fucreries, pâtifferies, crêmes, vins de liqueurs & ratafiats, qui alloient chatouiller voluptueufement les eftomacs gloutons des enfans de Saint Bernard, je confidérai de tous mes yeux comment les Novices &

les Moines alloient se tirer d'affaire. D'après les mouvemens sans relâche des muscles de leurs visages, & du bruit continuel de leurs dents, sans cesse occupées à engloutir les mets dans leurs ventres, oui, je soutiens qu'il n'y a point de mâchoire mieux montée, mieux organisée pour dévorer, casser, disséquer, broyer les alimens, que celle d'un Bernardin. Non pas que je veuille ôter en rien du mérite des autres Moines : sans doute, j'aime à leur rendre justice en tout point, & je connois trop leurs talens pour la mangeaille & la f. . . . . pour leur refuser mon approbation ; mais, sans contredit, le Bernardin les surpasse tous à bien manger.

A parler politiquement, je ne vois pas qu'il soit nécessaire que les Moines s'engraissent, & cependant leur unique but est de le faire. Otez le plaisir de la mangeaille dans un couvent, vous ôtez la plus grande volupté du corps monacal. Aussi quand les Novices sont dans leur temps d'épreuve, ils ne résisteroient pas à l'ennui mortel de marmotter du latin, s'ils n'étoient pas encouragés par l'espoir consolateur d'un excellent repas. Au bout de quelque temps, ces jeunes Moines ont des mines, parlons monacalement, ont des faces rubicondes qui attestent en caracteres vivans leur dévote activité à ne pas se laisser mourir de soif, & des ventres dont la vaste grosseur prouve qu'ils ont bien soin de les nourrir.

Mais, je le dirai, c'est que la France se passeroit fort bien de pareils pourceaux qu'en style vulgaire, le peuple appelle les cochons du bon Dieu. Et que puisque le but de leurs Fondateurs est qu'à force de jeûnes, d'abstinences, de mortifications & de prieres, ils aillent en ligne directe dans la demeure des Saints, ils devroient au moins un peu s'y conformer. La moitié de l'argent d'un couvent est employée à fournir de la mangeaille aux bouches monacales. Ainsi, si le produit d'une des maisons de leur Ordre est de cent mille livres, il y en a cinquante applicables aux plaisirs de l'estomac, trente aux amours de MM. les Prieurs, Sous-Prieurs, Procureurs &c., & vingt qui dorment dans les coffre-forts.

Comme il n'est pas possible de chasser de la France ces frélons bien dotés pour ne rien faire, & qui depuis tant de siecles en occupent la surface, on devroit, pour agir en bon Citoyen, sinon les prier, du moins les forcer de contribuer aux besoins de la Nation. Et puisqu'il est impossible à un bon Prieur, & à ses Coadjuteurs de se passer de Maîtresses, on pourroit leur laisser l'argent nécessaire pour entretenir leurs amours : car si, d'un côté, ils dépensent, de l'autre ils peuplent, & , comme l'a dit un grand écrivain de la secte économique, *la population fait la richesse d'un Etat.* Ainsi, plus que jamais, vive les Prieurs, Sous-Prieurs & Procureurs de couvens! Mais aussi, en leur accordant tant d'avantages sur les autres, on devroit les forcer d'être moins voluptueux dans leur manger. Et ainsi y mettant moins de rafinement & de luxe, ils pourroient moins dépenser, & appliquer le produit de leur économie à soulager la Nation. Quand je devrois mentir impudemment, je me ferois un plaisir, par reconnoissance, de dire du bien des Moines; car quoiqu'ils soient d'une fainéantise à charge au Peuple, je dirois qu'ils s'occupent journellement à dire des prieres, & que sans ces prieres nous serions un jour la proie du Diable; quoiqu'ils soient portés d'inclination à faire porter à MM. les maris des bonnets à la Moïse, je dirois que c'est l'envie qui met encore les armes de la calomnie pour perdre de réputation des gens dont l'extérieur modeste, & nullement hypocrite, est le garant de la pureté de leurs mœurs. Enfin, je dirois des choses, mais des choses qui rendroient les Moines, fussent-ils plus noirs que le Diable, aussi blancs que l'est M. le Noir, par un arrêt du conseil, & par le procès qu'il vient de gagner contre le sieur de Kornmann. J'avoue qu'il faudroit hardiment mentir ; mais, en ce monde, que de gros mensonges ne fait-on pas pour avoir de l'argent & des places? mais en ce moment trève aux plaisanteries véridiques.

Ainsi, si les Moines, au lieu de s'engraisser avec des poulardes, des perdrix, des cailles &c., ne mangeoient que de la grosse viande de boucherie & des légumes, ils ne dépenseroient que le quart de leurs revenus. Et s'ils étoient assez généreux pour faire sacrifice d'une partie du superflu de leurs biens, je ne sais de combien de millions ils enrichiroient la France; & la France, à son tour, comme elle est devenue sobre depuis quelque temps, en appliqueroit le produit, d'abord à liquider une partie de ses dettes onéreuses, ensuite à établir des hôpitaux pour tant de malheureux qui périssent non pas faute de secours, mais de bons secours; & enfin à mieux nourrir ses troupes qui jeûnent les trois quarts de la journée.

Ah! si jamais ces sublimes projets pouvoient se réaliser un jour, car je suis comme M. de Beaumarchais, je suis fort pour n'inventer que de belles choses, je me regarderois comme

le plus heureux des Arlequins ! Dans les tranf-
ports de ma joie patriotique, je ferois élever
à mes dépens, dans la cour des Bénédictins de
Paris, une fuperbe obélifque qui attefteroit à
la poftérité la plus reculée la générofité des
Moines en faveur de la Nation. Et ce feroit un
bon Artifte qui l'exécuteroit ; & je voudrois
qu'il s'y prît ainfi pour repréfenter les objets
relatifs à cette exécution.

En conféquence de cela, je voudrois qu'aux
quatre coins de cette obélifque, qui feroit fort
élevée, on érigeât quatre ftatues, dont chacune
d'elle repréfenteroit un Moine de différens Or-
dres. Par exemple, un Bénédictin, un Bernardin, un Chartreux, & un Auguftin. Il feroit à
défirer que le cifeau de l'Artifte déployât fur
chacune d'elles fon talent; il donneroit à chaque
Moine une figure pleine d'embonpoint, un œil
animé par la joie, un gros ventre, appanage
ordinaire des cordons bleus de couvens, &
enfin dans tout l'enfemble de leur perfonne,
l'allure de Prieur. Dans leurs bras droits, ils
tiendroient une corne d'abondance, de laquelle
découleroit une grande quantité d'argent, &
fur la partie extérieure de laquelle on graveroit
ces mots en lettres d'or : *Produit de notre économie pour foulager l'infirme & celui qui facrifie fa
vie pour défendre la Patrie.*

A propos, j'oublie un point bien intéreſſant ;
je voudrois ; pour perfeêlionner cet ouvrage
unique en ſon genre, qu'on repréſentât au pied
de chaque ſtatue, en bas reliefs, différens attri-
buts analogues au goût dominant de chaque
ordre de Moines. Ainſi, à la ſtatue du Bénédic-
diêtin, on repréſenteroit des bouteilles de bon
vin, tiré des meilleurs cantons ; ſur chacune
d'elles il y auroit des étiquettes qui appren-
droient le nom de l'endroit ; à celle du Bernardin, on repréſenteroit des lapins, des poulardes, des perdrix & des cailles; à celle du Chartreux, des anguilles, des carpes, des ſaumons,
des tanches & des perches ; & à celle des Au-
guſtins, des pâtés de différentes groſſeurs, & des
pieces de viande de réſiſtance. Au milieu de l'o-
béliſque, j'y ferois mettre cette modeſte inſ-
cription à l'honneur du corps monacale :

MONUMENT

érigé,

Par la reconnoiſſance publique ;

A la ſobriété & à la générofité des Moines ;

Sous les auſpices de Monſeigneur DE BRIENNE.
1789.